Mit Storm ans Meer

Für meine Britta zur
Erinnerung an Deine wunderschöne
Zeit am Meer!

Deine [illegible]

2024

Jan Thorbecke Verlag

Inhalt

Meeresstrand

Ans Haff nun fliegt die Möwe,
Und Dämmrung bricht herein;
Über die feuchten Watten
Spiegelt der Abendschein.

Graues Geflügel huschet
Neben dem Wasser her;
Wie Träume liegen die Inseln
Im Nebel auf dem Meer.

Ich höre des gärenden Schlammes
Geheimnisvollen Ton,
Einsames Vogelrufen –
So war es immer schon.

Noch einmal schauert leise
Und schweiget dann der Wind;
Vernehmlich werden die Stimmen,
Die über der Tiefe sind.

Ein Strandspaziergang

Wir wollen lieber an den Strand hinab!« sagte sie leise. »Ich möchte noch die Nester der Silbermöwen sehen!«

So (...) gingen wir die Werfte hinab und über die Hallig nach dem Strande zu. Ein Stängel duftenden Seewermuts, eine violette Strandnelke wurde im Vorbeigehen mitgenommen, sonst war hier nichts, das unsre Aufmerksamkeit hätte erregen können. An manchen der oft tiefen Gerinne, womit, wie mit einem Gewebe, die ganze Hallig überzogen war, mussten wir auf und ab wandern, bevor wir eine Stelle zum Hinüberspringen fanden. (...)

Ein leichter Wind hatte sich aufgemacht, als wir den Strand erreichten. Das Meer, das bei der eingetretenen Flut nur etwa einen Büchsenschuss von dem grünen Lande entfernt war, lag jetzt wie fließendes Silber vor den schräg fallenden Strahlen der Nachmittagssonne; bis weit hinaus um den Strand der Insel hörte man das Getöse der Brandung.

In der Luft war noch immer, wie am Vormittage, das Steigen und Sinken der großen Silbermöwen, nur dass

jetzt, da kein Licht von oben durchschien, das schneeige Weiß ihrer Flügel sich noch mehr gegen den blauen Himmel abhob. Auch kleinere schwarze Vögel mit storchenartigem Schnabel sahen wir, die wie mit hellem Kriegsschrei durch das Gewimmel der großen Möwen hin und her schossen.

Und jetzt ließ Susanne einen Ruf des Entzückens hören; in einem Tangbüschel, umgeben von einem rötlichen Kranze zermalmter Schaltiere, lagen zwei der großen graugrünen Eier; sechs Schritte weiter wieder zwei; und dort, etwas seitwärts, schimmerten gar drei von den kleineren Eiern des schwarzen Austernfischers. Die meisten lagen auf dem bloßen Sande; denn, wie der Vetter sagte, »diese Kreaturen machen wenig Umstände mit ihrer Häuslichkeit«. Die Vögel gackerten und schrien; Susanne aber, unbekümmert und mit vor Neugier leuchtenden Augen, schritt immer weiter hinaus, von Nest zu Nest.

AUS: EINE HALLIGFAHRT

Auf dem hohen Küstensande

Auf dem hohen Küstensande
Wandre ich im Sonnenstrahl;
Über die beglänzten Lande
Bald zum Meere, bald zum Strande
Irrt mein Auge tausendmal.

Aber die Gedanken tragen
Durch des Himmels ewig Blau
Weiter, als die Wellen schlagen,
Als der kühnsten Augen Wagen,
Mich zur heißgeliebten Frau.

Und an ihre Türe klink ich,
Und es ruft so süß: Herein!
Und in ihre Arme sink ich,
Und von ihren Lippen trink ich,
Und aufs Neue ist sie mein.

2 93

Ein stürmischer Badetag

Es war an einem Vormittage im August, und die Sonne schien; aber das Wetter war rau, der Wind kam hart aus Nordwest, und Wind und Flut trieben ungestüm die schäumenden Wellen in den breiten Meeresarm, der zwischen zweien Deichen von draußen an die Stadt hinanführte. Die Brettergebäude der beiden Badeflöße, welche in einiger Entfernung voneinander am Ufer angekettet lagen, hoben und senkten sich; im Binnenlande würde man wohl von einem Sturm gesprochen haben, und selbst hier an der Küste schien dieselbe Ansicht zu herrschen, denn der sonst so belebte Badeplatz war heute gänzlich leer. Nur dort vor dem Schuppen, der auf dem Vorlande neben dem der Stadt am fernsten Floße lag, stand die knochige Gestalt der alten Badefrau; die langen Bänder ihres großen verschossenen Taffethuts flatterten knitternd in der Luft, den Friesrock hielt sie sich mit beiden Händen fest. Sie hatte nichts zu tun; Badekappen und Handtücher der Damen und Kinder lagen drinnen im Schuppen ruhig in ihren Fächern.

»Ich geh' nach Haus,« sagte sie bei sich selber; »'s kommt niemand in dem Mordwetter.«

Sie haschte ihre Hutbänder, die ihr über die Augen flogen, und sah am Deich entlang nach der Stadt hinab. Die Schafe, welche auf dem Vorlande angetüdert waren, hatten, soweit die Stricke reichten, sich gruppenweise mit dem Rücken gegen den Wind gestellt; sonst war nichts zu sehen. – Aber doch! Dort auf dem Deiche kamen zwei Männer angegangen und stiegen dem nächsten Badefloße gegenüber, das der Uferbeschaffenheit wegen der Männerwelt hatte überlassen werden müssen, an der Außenseite des Deiches herab; ihre Leintücher, die sie mit sich führten, ließen sie dabei mit erhobener Hand über ihren Köpfen fliegen; ihre jugendlichen Stimmen, ihr helles Lachen konnte nicht zu der Alten dringen, denn der Wind nahm es ihnen vom Munde und verwehte es in der Richtung nach der Stadt zu. (...)

Noch standen sie gefesselt von dem Anblick der bewegten Wasserfläche, die sich weithin vor ihnen ausdehnte. Rastlos und unablässig rollten die Wellen über die Tiefe, wurden flüchtig vom Sonnenstrahl durchleuchtet und verschäumten dann, und andere rollten nach. Die Luft tönte von Sturmeshauch und Meeresrauschen; zuweilen schrillte dazwischen noch der Schrei eines vorüberschießenden Wasservogels. Eine starke Woge zerschellte eben an dem Gerüst, worauf die jungen Männer standen, und übersprühte sie mit ihrem Schaum.

AUS: PSYCHE

Eine Dampferfahrt über die Förde

Das frische Mädchen mit den weitblickenden Augen gefiel uns beiden wohl; mir niemals besser als an einem Sonntagmorgen, da wir mit einer größeren Gesellschaft auf einem Dampfschiffe über die blaue Förde hinfuhren.

An der Schanzkleidung standen junge Damen mit ebenso jungen Offizieren in einer jener wohlgezirkelten Unterhaltungen, die meistens harmlos genug, mitunter aber auch um desto übler sind, je mehr die jungen Köpfe nur die gedankenlosen Träger der Armseligkeiten zu sein pflegen, die darin zutage kommen. Der Gegenstand musste diesmals sehr anregend sein; die Gesichter der hübschen Frauenzimmer strahlten vor Entzücken.

Unsere junge Freundin – sie trug den etwas ungewöhnlichen Namen »Mechtild« – war nicht darunter; sie stand unweit davon, die Hände auf dem Rücken, an dem Schiffsmast und wiegte wie im Vollbehagen ihrer Jugendkraft den schlanken Oberkörper auf und ab, wie die Wellen das Schiff, von welchem sie getragen wurde. Die Stattlichkeit dieser Mädchengestalt war mir noch niemals so in die Augen gefallen wie hier unter dem blauen Frühlingshimmel, wo der Seewind in ihr Haar und Kleidern wühlte, und ihre blauen Augen in die Ferne nach den waldbekränzten Ufern schweiften.

Dann rief eine zu ihr hinüber: »Was hast du, Mechtild?« (...)»Ach was! Komm her und sei nicht immer so apart!«

Aber sie kam doch nicht; ein wilder Schwan mit blendend weißen Schwingen flog, rasch unser Fahrzeug überholend, in der hohen Luft dahin; dem folgten ihre Augen.

AUS: IM NACHBARHAUSE LINKS

Halligfahrt

Nach einer Weile hatten wir ein kleines Schiff bestiegen; »Die Wohlfahrt« hieß es; der Name stand mit goldenen Buchstaben auf dem Spiegel eingegraben. Wir waren alle glücklich an Bord gelangt (...).

Und leise blähten sich die Segel, und leise schwamm das Schiff; man hörte das Wasser vorn am Kiel glucksen. Nach einer Stunde hatten wir die nachbarliche große Insel hinter uns und trieben nun auf der breiten Meeresflut. Eine Möwe schwebte über dem Wasser dicht an uns vorüber; ich sah, wie ihre gelben Augen in die Tiefe bohrten. (...)

Vor uns in den Horizont trat jetzt ein grauer Punkt, der sich allmählich in die Breite streckte; und endlich stieg ein grünes Eiland vor uns auf. Eine geflügelte Wache schien es zu umgeben; soweit man an dem Strande entlang sehen konnte, wimmelte es in der Luft von großen weißen Vögeln, welche unablässig wie in stiller Geschäftigkeit durcheinander auf und ab stiegen. Stets in demselben Luftraume beharrend, glichen sie einem ungeheuren schwebenden Gürtel, der das ganze Eiland zu umschließen schien; ihre ausgebreiteten mächtigen Flügel erschienen wie durchsichtiger Marmor gegen den sonnigen Mittagshimmel.

– Das war fast wie in einem Märchen; und dazu kam mir in den Sinn: mein Freun Aemil, ein leidenschaftlicher Regattenmann, als er in lauer Sommernacht in seinem Boote hier vorbeigetrieben war, wollte von dorther eine entzückende Musik vernommen haben. Der Mond sei über der stillen Insel gestanden, und während er nach langer Pause heimgerudert, sei in der Nacht und auf dem Meer kein andrer Laut gewesen als diese geisterhaften, allmählich hinter ihm verhallenden Töne.

Aber es war dennoch keine Zauberinsel, sondern eine Hallig des alten Nordfrieslands, das vor einem halben Jahrtausend von der großen Flut in diese Inselbrocken zerrissen wurde; die weißen Vögel waren Silbermöwen, welche dem Strande entlang über ihren Brutplätzen schwebten; *largus argentatus*, von den Naturforschern längst registriert und in ihren Systemen untergebracht. Als wir bald darauf zu Wagen unter ihrem Ringe durchfuhren, sah ich deutlich über unsern Köpfen die funkelnden Augen und die starken, vorn gebogenen Schnäbel. (...) Und dort auf der hohen Werfte, inmitten der öden baumlosen Insel, lag das große Halligaus mit dem tief hinabreichenden Strohdache (...) Aber schon war unser

Wagen am Fuß der Werfte angelangt, (...) außer der Werfte mit dem breit darauf gelagerten Hause schien aus der grünen Inselfläche nichts hervorzuragen als etwa eine zerstreut umherweidende Schafherde; selbst das Gras war so niedrig, dass es kaum den dazwischen umherkletternden langbeinigen Schnaken ein Hindernis in den Weg legte.

AUS: EINE HALLIGFAHRT

Am Fenster lehn ich

Am Fenster lehn ich, müd verwacht.
Da ruft es so weithin durch die Nacht. –

Hoch oben hinter Wolkenflug
Hinschwimmt ein Wandervogelzug.

Sie fahren dahin mit hellem Schrei
Hoch unter den Sternen in Lüften frei.

Sie sehn von fern den Frühling blühn
Wild rauschen sie über die Lande hin.

O Herz, was ist's denn, das dich hält?
Flieg mit, hoch über der schönen Welt!

Dem wilden Schwarm gesell dich zu;
Vielleicht siehst auch den Frühling du!

Dann gib noch einmal aus Herzensdrang
Einen Laut, ein Lied, wie es einstens klang!

Gräber an der Küste

Mit Kränzen haben wir das Grab geschmückt,
Die stille Wiege unsrer jungen Toten;
Den grünsten Efeu haben wir gepflückt,
Die spätsten Astern, die das Jahr geboten.

Hier ruhn sie waffenlos in ihrer Gruft,
Die man hinaustrug aus dem Pulverdampfe;
Vom Strand herüber weht der Meeresduft,
Die Schläfer kühlend nach dem heißen Kampfe.

Es steigt die Flut; vom Ring des Deiches her
Im Abendschein entbrennt der Wasserspiegel;
Ihr schlafet schön! Das heimatliche Meer
Wirft seinen Glanz auf euren dunklen Hügel.

(...)

Der Bau der Marienkirche zu Lübeck

~ *Eine Sage* ~

Im alten heiligen Lübeck
Ward eine Kirche gebaut
Zu Ehren der Jungfrau Maria,
Der hohen Himmelsbraut.

Doch als man den Bau begonnen,
Da hatt es der Teufel gesehn;
Der glaubte, an selbiger Stelle
Ein Weinhaus würde erstehn.

Draus hat er manch arme Seele
Sich abzuholen gedacht
Und drum das Werk gefördert
Ohn Rasten Tag und Nacht.

Die Maurer und der Teufel,
Die haben zusammen gebaut;
Doch hat ihn bei der Arbeit
Kein menschlich Aug geschaut.

Drum, wie sich die Kellen rührten,
Es mochte keiner verstehn,
Dass in so kurzen Tagen
So großes Werk geschehn.

Und als sich die Fenster wölben,
Der Teufel grinset und lacht,
Dass man in einer Schenke
So Tausende Scheiben macht.

Doch als sich die Bogen wölben,
Da hat es der Teufel durchschaut,
Dass man zu Gottes Ehren
Eine Kirche hier erbaut.

Da riss er in seinem Grimme
Einen Fels von Bergeswand
Und schwingt sich hoch in Lüften,
Von männiglich erkannt.

Schon holt er aus zum Wurfe
Aufs heilige Prachtgebäu; –
Da tritt ein Maurergeselle
Hervor getrost und frei:

»Herr Teufel, wollt nichts Dummes
Begehen in der Hast!
Man hat ja sonst vernommen,
Dass Ihr Euch handeln lasst!«

»So bauet«, schrie der Teufel,
»Ein Weinhaus nebenan,
Dass ich mein Werken und Mühen
Nicht schier umsonst getan.« –

Und als sie's ihm gelobet,
So schleudert er den Stein,
Auf dass sie dran gedächten,
Hart in den Grund hinein. –

Drauf, als der Teufel entfahren,
Ward manches liebe Jahr
Gebaut noch, bis die Kirche
Der Jungfrau fertig war.

Dann ist dem Teufel zu Willen
Der Ratsweinkeller erbaut,
Wie man ihn noch heutzutage
Dicht neben der Kirche schaut.

So stehen Kirch und Keller
In traulichem Verein;
Die frommen Herrn zu Lübeck,
Die gehen aus und ein.

Sie beten wohl da droben,
Da drunten trinken sie,
Und für des Himmels Gaben
Da droben danken sie.

Und trinken sie da drunten,
Sie denken wohl dabei:
Dem selbst der Teufel dienet,
Wer fröhlich, fromm und frei.

Ostern

Es war daheim auf unserm Meeresdeich;
ich ließ den Blick am Horizonte gleiten,
zu mir herüber scholl verheißungsreich
mit vollem Klang das Osterglockenläuten.

Wie brennend Silber funkelte das Meer,
die Inseln schwammen auf dem hohen Spiegel,
die Möwen schossen blendend hin und her,
eintauchend in die Flut die weißen Flügel.

Im tiefen Kooge bis zum Deichesrand
war sammetgrün die Wiese aufgegangen;
der Frühling zog prophetisch über Land,
die Lerchen jauchzen, und die Knospen sprangen.

Entfesselt ist die urgewalt'ge Kraft,
die Erde quillt, die jungen Säfte tropfen,
und alles treibt, und alles webt und schafft,
des Lebens vollste Pulse hör ich klopfen.

(...)

Frühling hinter dem Deich

Schon hatte unten in den Kögen der erste warme Frühlingsregen die unabsehbaren Wiesenlandschaften grün gemacht; schon weideten wieder die unzähligen Rinder auf der Rasendecke, in welcher die Wassergräben zwischen den einzelnen Fennen wie Silberstreifen in der Morgensonne funkelten. Von hüben und drüben, abwechselnd und sich antwortend, in unendlicher Abtönung, erhob sich Gebrüll und klang weit über die Ebene hinaus. Und wie lebendig die Stare waren, diese geflügelten Freunde der Rinder! In lärmendem Zuge kamen sie vom Koge herauf, schwenkten vor mir hin und wider und fielen dann in dichtem Schwarm auf die Krone des Deiches nieder, um gleich darauf, hurtig um sich pickend, seewärts an der Böschung hinabzuspazieren.
Aber unten, entlang dem Strome, der von der Stadt ins Meer hinausführt, schimmerte einladend die neue Strohbestickung, womit zum Schutze gegen die nagende Flut der Saum des Strandes überzogen war. – Wie anmutig es sich auf diesem sauberen Teppich wandelte!

AUS: EINE HALLIGFAHRT

Abschied

Kein Wort, auch nicht das kleinste, kann ich sagen,
Wozu das Herz den vollen Schlag verwehrt;
Die Stunde drängt, gerüstet steht der Wagen,
Es ist die Fahrt der Heimat abgekehrt.

(...)

Es strömt die Luft – die Knaben stehn und lauschen,
Vom Strand herüber dringt ein Möwenschrei;
Das ist die Flut! Das ist des Meeres Rauschen!
Ihr kennt es wohl; wir waren oft dabei.

Von meinem Arm in dieser letzten Stunde
Blickt einmal noch ins weite Land hinaus,
Und merkt es wohl, es steht auf diesem Grunde,
Wo wir auch weilen, unser Vaterhaus.

Wir scheiden jetzt, bis dieser Zeit Beschwerde
Ein andrer Tag, ein besserer, gesühnt;
Denn Raum ist auf der heimatlichen Erde
Für Fremde nur und was den Fremden dient.

Doch ist's das flehendste von den Gebeten,
Ihr mögt dereinst, wenn mir es nicht vergönnt,
Mit festem Fuß auf diese Scholle treten,
Von der sich jetzt mein heißes Auge trennt!

(...)

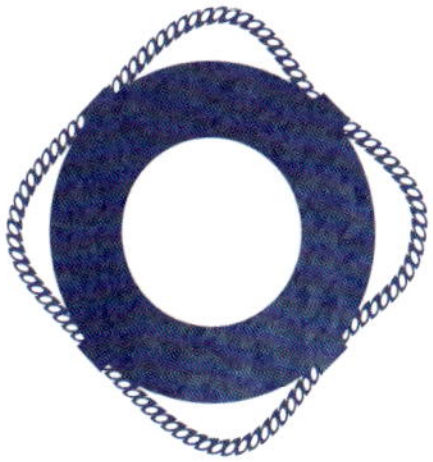

Gedenkst du noch?

Gedenkst du noch, wenn in der Frühlingsnacht
Aus unserm Kammerfenster wir hernieder
Zum Garten schauten, wo geheimnisvoll
Im Dunkel dufteten Jasmin und Flieder?
Der Sternenhimmel über uns so weit,
Und du so jung; unmerklich geht die Zeit.

Wie still die Luft! Des Regenpfeifers Schrei
Scholl klar herüber von dem Meeresstrande;
Und über unsrer Bäume Wipfel sahn
Wir schweigend in die dämmerigen Lande.
Nun wird es wieder Frühling um uns her,
Nur eine Heimat haben wir nicht mehr.

Nun horch ich oft, schlaflos in tiefer Nacht,
Ob nicht der Wind zur Rückfahrt möge wehen.
Wer in der Heimat erst sein Haus gebaut,
Der sollte nicht mehr in die Fremde gehen!
Nach drüben ist sein Auge stets gewandt:
Doch eines blieb – wir gehen Hand in Hand.

Die Möwe und mein Herz

Hin gen Norden zieht die Möwe,
Hin gen Norden zieht mein Herz;
Fliegen beide aus mitsammen,
Fliegen beide heimatwärts.

Ruhig, Herz! du bist zur Stelle;
Flogst gar rasch die weite Bahn –
Und die Möwe schwebt noch rudernd
Überm weiten Ozean.

Die Stadt

Am grauen Strand, am grauen Meer
und seitab liegt die Stadt;
der Nebel drückt die Dächer schwer,
und durch die Stille braust das Meer
eintönig um die Stadt.

Es rauscht kein Wald, es schlägt im Mai
kein Vogel ohne Unterlass;
die Wandergans mit hartem Schrei
nur fliegt in Herbstesnacht vorbei,
am Strande weht das Gras.

Doch hängt mein ganzes Herz an dir,
du graue Stadt am Meer;
der Jugend Zauber für und für
ruht lächelnd doch auf dir, auf dir,
du graue Stadt am Meer.

AMAZONE
Husumer Speicher

Der Schimmelreiter

Und wenn im Herbst die Fluten höher stiegen und manch ein Mal die Arbeit eingestellt werden musste, dann ging er nicht mit den andern nach Haus, sondern blieb, die Hände über die Knie gefaltet, an der abfallenden Seeseite des Deiches sitzen und sah stundenlang zu, wie die trüben Nordseewellen immer höher an die Grasnarbe des Deiches hinaufschlugen; erst wenn ihm die Füße überspült waren und der Schaum ihm ins Gesicht spritzte, rückte er ein paar Fuß höher und blieb dann wieder sitzen. Er hörte weder das Klatschen des Wassers noch das Geschrei der Möwen und Strandvögel, die um oder über ihm flogen und ihn fast mit ihren Flügeln streiften, mit den schwarzen Augen in die seinen blitzend; er sah auch nicht, wie vor ihm über die weite, wilde Wasserwüste sich die Nacht ausbreitete; was er allein hier sah, war der brandende Saum des Wassers, der, als die Flut stand, mit hartem Schlage immer wieder dieselbe Stelle traf und vor seinen Augen die Grasnarbe des steilen Deiches auswusch. Nach langem Hinstarren nickte er wohl langsam mit

dem Kopfe oder zeichnete, ohne aufzusehen, mit der Hand eine weiche Linie in die Luft, als ob er dem Deiche damit einen sanfteren Abfall geben wollte. Wurde es so dunkel, dass alle Erdendinge vor seinen Augen verschwanden und nur die Flut ihm in die Ohren donnerte, dann stand er auf und trabte halb durchnässt nach Hause.

AUS: DER SCHIMMELREITER

Das ist der Herbst

Das ist der Herbst; die Blätter fliegen,
Durch nackte Zweige fährt der Wind;
Es schwankt das Schiff, die Segel schwellen –
Leb wohl, du reizend Schifferkind! – –

Sie schaute mit den klaren Augen
Vom Bord des Schiffes unverwandt,
Und Grüße einer fremden Sprache
Schickte sie wieder und wieder ans Land.

Am Ufer standen wir und hielten
Den Segler mit den Augen fest –
Das ist der Herbst! wo alles Leben
Und alle Schönheit uns verlässt.

Abseits

Es ist so still; die Heide liegt
Im warmen Mittagssonnenstrahle,
Ein rosenroter Schimmer fliegt
Um ihre alten Gräbermale;
Die Kräuter blühn; der Heideduft
Steigt in die blaue Sommerluft.

Laufkäfer hasten durchs Gesträuch
In ihren goldnen Panzerröckchen,
Die Bienen hängen Zweig um Zweig
Sich an der Edelheide Glöckchen;
Die Vögel schwirren aus dem Kraut –
Die Luft ist voller Lerchenlaut.

Ein halbverfallen niedrig Haus
Steht einsam hier und sonnbeschienen;
Der Kätner lehnt zur Tür hinaus,
Behaglich blinzelnd nach den Bienen;
Sein Junge auf dem Stein davor
Schnitzt Pfeifen sich aus Kälberrohr.

Kaum zittert durch die Mittagsruh
Ein Schlag der Dorfuhr, der entfernten;
Dem Alten fällt die Wimper zu,
Er träumt von seinen Honigernten.
– Kein Klang der aufgeregten Zeit
Drang noch in diese Einsamkeit.

Morgane

An regentrüben Sommertagen,
Wenn Luft und Flut zusammenragen
Und ohne Regung schläft die See,
Dann steht an unserm grauen Strande
Das Wunder aus dem Morgenlande,
Morgane, die berufne Fee.
(...)

So steht sie jetzt im hohen Norden
An unsres Meeres dunklen Borden,
So schreibt sie fingernd in den Dunst;
Und quellend aus den luft'gen Spuren
Erstehn in dämmernden Konturen
Die Bilder ihrer argen Kunst.

Doch hebt sich nicht wie dort im Süden
Auf rosigen Karyatiden
Ein Wundermärchenschloss ins Blau;
Nur einer Hauberg graues Bildnis
Schwimmt einsam in der Nebelwildnis,
Und keinen lockt der Hexenbau.

(...)

Sturmflut

Es war an einem Nachmittag zu Anfang des November. Der Wind kam steif aus Westen; der Arm, mit dem die Nordsee in Gestalt des schmalen Hafens in die Stadt hineinlangt, war von trübgrauem Wasser angefüllt, das kochend und schäumend schon die Hafentreppen überflutet hatte und die kleinen vor Anker liegenden Inselschiffe hin und wider warf. Hie und da begann man schon vor Haustüren und Kellerfenstern die hölzernen Schotten einzulassen, zwischen deren doppelte Wände dann der Dünger eingestampft wurde, der schon seit Wochen auf allen Vorstraßen lagerte. (...)
Die Schotten wurden herbeigeholt und vor der Haustür bis zu halber Manneshöhe eingelassen. Als die Dämmerung herabfiel, war fast der ganze Hafenplatz schon überflutet; aus den dem Bollwerk nahegelegenen Häusern brachte man mit Booten die Bewohner nach den höheren Stadtteilen. Die Schiffe drunten rissen an den Ankerketten, die Masten schlugen gegeneinander; große weiße Vögel wurden mitten zwischen sie hineingeschleudert oder klammerten sich schreiend an die schlotternden Taue.

AUS: CARSTEN CURATOR

Rungholt

In der Vergangenheit – in diesem sicheren Lande liegt auch Rungholt. Einst zu König Abels Zeiten, und auch später noch, stand es oben im Sonnenlichte mit seinen stattlichen Giebelhäusern, seinen Türmen und Mühlen. Auf allen Meeren schwammen die Schiffe von Rungholt und trugen die Schätze aller Weltteile in die Heimat; wenn die Glocken zur Messe läuteten, füllten sich Markt und Straßen mit blonden Frauen und Mädchen, die in seidenen Gewändern in die Kirche rauschten; zur Zeit der Äquinoktialstürme stiegen die Männer, wenn sie von ihren Gelagen heimkehrten, vorerst noch einmal auf ihre hohen Deiche, hielten die Hände in den Taschen und riefen hohnlachend auf die anbrüllende See hinab: »Trotz nu, blanke Hans!« (…) [D]ie Männer von Rungholt – so wenigstens haben es die geistlichen Chronisten aufgeschrieben – beriefen eines Tages einen Priester und hießen ihn einer kranken Sau das Abendmahl geben. Da ergrimmte der Herr und ließ wie zu Noä Zeiten seine Wasser steigen; und über die Deiche und Mühlen und Türme schwollen sie; und Rungholt mit seinen blonden Frauen und seinen trotzigen Männern (...) dort steht es unten, unsichtbar und verschollen auf dem Boden des Meeres.

Nur zuzeiten bei hellem Wetter, wenn in der einsamen Mittagsstunde die Wimpel schlaff am Mast herunterhängen und die Schiffer in der Koje schnarchen, dann – wie die Leute sagen – »dühnt es auf«. – Wer dann mit wachen Augen über Bord ins Wasser schaut, kann gewahren, wie Türme mit goldnen Gockelhähnen aus der grünen Dämmerung aufsteigen; vielleicht mag er sogar die Dächer der alten Häuser erkennen, und wie zwischen dem Seetang, der sie überstrickt hat, seltsam schwerfälliges Getier umherkriecht, oder zwischen den zackigen Giebeln in die Enge der Gasse hinabschauen, wo Muschelwerk und Bernstein die Tore der Häuser verbaut hat und der nie rastende Flut- und Ebbestrom mit den Schätzen versunkener Schiffe spielt. – Aber auch die Schiffer unter Deck erwachen und richten sich auf, denn unter sich aus der Tiefe hören sie es läuten; das sind die Glocken von Rungholt.

AUS: EINE HALLIGFAHRT

Sturm auf der Hallig

Die gute Dame konnte es nicht verwinden, dass er, »der hochgebildete Mann«, die feine Gesellschaft seines früheren Wohnorts mit dieser nur von Halligleuten und einem zahmen Sperling bevölkerten Einöde vertauscht habe, und nahm dies Thema stets von neuem wieder auf. – Die kleine Szene, welche zwischen den beiden alten Herrschaften hieraus entsprang, werde ich nie vergessen.

»Frau Cousine!« sagte der Vetter mit großem Nachdruck, indem er seine schon erfasste Apfelsine in die Kristallschale zurückfallen ließ – denn wir saßen nach beendigter Mittagstafel eben noch am Nachtisch –, »wenn in Novembernächten der Sturm hier unser Haus gepackt hat, dass wir aufgeschüttelt aus den Betten springen – wenn wir dann durchs Fenster in Augenblicken, wo eben die Wolken am Mond vorübergejagt sind, das Meer, aber das vom Sturm gepeitschte Meer hier unten am Fuße unsrer Werfte sehen, die allein noch hervorragt aus den schäumenden, tobenden Wasserbergen – Sie glauben nicht, Frau Cousine, wie erquicklich es ist, sich einmal in einer andern Gewalt zu fühlen als in der unsrer kleinen regierungslustigen Mitkreaturen!«

AUS: EINE HALLIGFAHRT

Das eisige Watt

Hauke stand schweigend daneben; aber sobald er konnte, schlich er sich auf den Deich hinaus (...) Er lief weiter und weiter, bis er einsam in der Öde stand, wo nur die Winde über den Deich wehten, wo nichts war als die klagenden Stimmen der großen Vögel, die rasch vorüberschossen; zu seiner Linken die leere weite Marsch, zur andern Seite der unabsehbare Strand mit seiner jetzt vom Eise schimmernden Fläche der Watten; es war, als liege die ganze Welt in weißem Tod.

Hauke blieb oben auf dem Deiche stehen, und seine scharfen Augen schweiften weit umher; (...) nur wo die unsichtbaren Wattströme sich darunter drängten, hob und senkte die Eisfläche sich in stromartigen Linien.

AUS: DER SCHIMMELREITER

Schifffahrt bei Nacht

Einmal aus der Ferne drang das Winseln eines Tieres über das Wasser zu uns her, und die Schiffer sagten, dass es ein junger Seehund sei, der seine Mutter suche. Dann war es wieder still, und nur die Wellen an unserm Schiffe rauschten. Wir aber standen noch immer und blickten über das Meer hinaus. Wohin in dieser leeren Weltenferne unsre Blicke gingen, wer vermöchte das zu sagen? (...) Ebenso unsicher bin ich, ob der Klabautermann an Bord gewesen ist. Einmal, da ich den Kopf wandte, war mir zwar, als ob dort am Bugspriet unter dem Klüversegel sich etwas wie Nebel zusammenkauere, allein ich achtete nicht darauf. (...)

Als wir dann endlich wieder auf unserm Deiche nach der Stadt zurückkehrten, sang über dem dämmernden Kog unsichtbar noch eine Lerche. Zur andern Seite stand der Mond und warf gelblich blinkende Lichter auf den von der eintretenden Ebbe bloßgelegten Schlamm.

AUS: EINE HALLIGFAHRT

Gode Nacht

Över de stille Straten
Geit klar de Klokkenslag;
God Nacht! Din Hart will slapen,
Und morgen is ok en Dag.

Din Kind liggt in de Weegen,
Un ik bün ok bi di;
Din Sorgen und din Leven
Is allens um un bi.

Noch eenmal lat uns spräken:
Goden Abend, gode Nacht!
De Maand schient ob de Däken,
Uns' Herrgott hölt de Wacht.

NEU 231

VERLAGSGRUPPE PATMOS

PATMOS
ESCHBACH
GRÜNEWALD
THORBECKE
SCHWABEN

Die Verlagsgruppe
mit Sinn für das Leben

MIX
Papier aus verantwortungsvollen Quellen
FSC® C043106
FSC www.fsc.org

Theodor Storm wurde 1817 in Husum geboren. Er war im bürgerlichen Beruf Jurist und lebte von 1853 bis 1864 in Preußen und Thüringen, da er unter der dänischen Herrschaft über Schleswig-Holstein nicht arbeiten konnte und wollte. Seine Gedichte zeugen von seiner Sehnsucht nach der Heimat in dieser Zeit. Nach seiner Rückkehr wurde er Landvogt in Husum in dieser Zeit schrieb er die meisten seiner Novellen. Erst kurz vor seinem Tod 1888 verfasste er den berühmten Schimmelreiter. Die Gedichte und die Ausschnitte aus den Novellen wurden behutsam gekürzt und an die neue Rechtschreibung angepasst. So wurden aus den Böten in Carsten Curator „Boote". Einige ungewöhnliche Wörter: Werfte: Warft, künstlich angelegte Erhöhung im Watt, Köge: Polder; Äquinoktialstürme: Stürme zur Tag-und-Nacht-Gleiche, also Frühjahrs- und Herbststürme; Karyatide: Säule in Gestalt eines Mädchens, Morgane: Schöpferin der Fata Morgana, Hauberg: Bauernhaus.

Bildnachweis
Mauritius images: S. 4 Westend61; S. 7: Loop images; S. 10 (Amrum) Imagebroker/Daniel Schoenen; S. 13 (St.Peter-Ording): age; S. 19: Imagebroker/Sabine Lubenow; S. 21: Herbert Kehrer; S. 23: Alamy; S. 29: Westend61; S. 31 (Pilsum/Krummhörn) Alamy; S. 33 (Utersum, Föhr): Christian Bäck; S. 34 (Westerheversand): Westend61; S. 37: BY; S. 38: Imagebroker/Stefan Hargus; S. 41 (Husum): Christian Bäck; S. 43 (Wangerooge): Imagebroker/Holger Weitzel; S. 45 (Langeoog): Roland Frank; S. 47 (Braderup, Sylt): Imagebroker/Sabine Lubenow; S. 50 (Norderney): Raimund Linke; S. 58: Imagebroker/Wolfgang Diederich; S. 61: Loop images; S. 63 (Neuharlingersiel): Travel collection; **Photocase:** S. 2: derProjektor; S. 53: Don Espresso; **Fotolia:** S. 24 (Lübeck): Schneider Foto; S. 56 (Hallig Hooge): c_images

Für die Schwabenverlag AG ist Nachhaltigkeit ein wichtiger Maßstab ihres Handelns. Wir achten daher auf den Einsatz umweltschonender Ressourcen und Materialien.

www.thorbecke.de

Gestaltung: Finken und Bumiller mit Lina Fesseler, Stuttgart
Druck: Grafisches Centrum Cuno GmbH & Co. KG, Calbe
Hergestellt in Deutschland
ISBN 978-3-7995-1008-0 (Print)